Helmut Eilenberger, Seiffen

Der Pastor auf der falschen Kanzel

und andere lustige Geschichten
aus dem Erzgebirge
in Hochdeutsch

Illustrator: Ralf Alex Fichtner, Schwarzenberg

Ingo Beer - Verlag

Am Fichtbusch 64
08340 Schwarzenberg
Telefon: 0 37 74 / 6 16 32

ISBN 3-9803725-4-5

Inhaltsverzeichnis

Vorbetrachtungen

Liebe Leser,
als erstes werden Sie denken, erzgebirgische Geschichten in Hochdeutsch. Verträgt sich denn das? Ich verrate Ihnen kein Geheimnis, wenn ich Ihnen sage, daß selbst „Eingeborene" Schwierigkeiten mit dem Lesen von mundartlicher Literatur haben, wie die Schulanfänger mit der Fibel. Das trifft aber auch auf andere Dialekte zu. Oder möchten Sie etwa ein plattdeutsches Buch lesen? Obwohl bei der hochdeutschen Version ein gewisses bodenständiges Flair verloren geht, weil sich bestimmte erzgebirgische Ausdrücke schlecht übersetzen lassen, haben wir uns in Ihrem Interesse dafür entschieden. Oder wissen Sie auf Anhieb was „eppr", „olbertsch", „gehling", „gakeln" bedeutet, was „ä Tippl", „ä Sächer", „äne Hitsch" oder „äne Heetsch" ist, um nur ein paar Ausdrücke zu nennen? Im Anhang können Sie nachsehen, ob Sie richtig geraten haben.

Die Mehrzahl der Geschichten hat einen lustigen, aber auch kulturellen Inhalt, und ich habe sie in meiner Kindheit und Jugend selbst erlebt. Andere wurden mir von Freunden erzählt.

Und wenn Sie beim Lesen ein kleines Schmunzeln um Ihre Lippen spüren, als ob ein Sonnenstrahl Heiterkeit Ihnen ins Gesicht scheint, dann habe ich mein Ziel erreicht und Ihnen, wenn auch kurzzeitig, den Alltagsstreß vergessen lassen. Danke.

Ihr

Der Pastor auf der falschen Kanzel

Die Geschichte klingt ein wenig übertrieben, aber sie ist wirklich passiert. Es war 1948, kurz nach dem zweiten Weltkrieg. Zu Essen gab es nicht sehr viel und was es auf der Lebensmittelkarte für eine Woche gab, hätte man an einem Tag mühelos essen können, ohne richtig satt zu werden. So mußte eben jeder sehen, wie er kam. Schwarzbeeren und Pilze im Sommer eintragen, Kartoffeln stoppeln und Ähren lesen auf den Äckern, oder ein kleines Beet anlegen, oft auch in den Blumenkästen mit ein paar Kartoffeln, Möhren, Radieschen oder Zwiebeln.

Ich war im Herbst aus der amerikanischen Gefangenschaft nach Hause gekommen. Mein ehemaliger Lehrer riet mir, mich als Neulehrer zu bewerben. Die Aufnahmeprüfung machte mir trotz vierjähriger Arbeitsdienst- und Militärzeit keine Mühe, und so wurde ich in meinem Heimatdorf Schulmeister. Als ich mich gerade auf die erste Lehrerprüfung vorbereitete, kam ein neuer Pastor in unser Dorf. Die Leute sagten, daß er in den letzten Kriegsjahren einen jüdischen Arzt im Pfarrhaus versteckt hätte. Darauf stand die Todesstrafe wegen Hochverrats. Aber es hatte zum Glück keiner bemerkt, auch die lieben Nachbarn nicht.

Respekt für diesen Mann, dachte ich so für mich. Aber, wenn man es richtig betrachtete, mußte es mit den neuen Machthabern auch Ärger gegeben haben, sonst hätte man ihn wohl nicht in unser Gebirgsdorf an der Grenze, wo sich die Füchse gute Nacht sagen, versetzt. Na, er wird es schon wissen.

Der Pastor kam eines Tages zu uns in die Schule, ins Lehrerzimmer und stellte sich vor. „Mein Name ist Berger, ich bin der neue Pfarrer," sagte er. Er erzählte uns, woher er käme und was er in seiner neuen Gemeinde so vorhätte. Als erstes möchte er einen Kirchenchor gründen und dazu brauche er junge und sangesfreudige Männer. Ob wir ihn dabei nicht unterstützen könnten. Ich hatte gleich zugesagt und wollte mich auch noch um weitere Sangesfreunde bemühen. Einen Liedermeister hatten wir auch, und

weil auch sonst alles gut klappte, konnten wir als Kirchenchor schon bald zum ersten Mal in der Kirche auftreten.
Natürlich war alles noch ein wenig bescheiden, aber der Anfang war gemacht. Da ich ihn auch mit meinen Schülern zum Weihnachtskrippenspiel unterstützte und selbst den Joesph spielte, kamen wir etwas näher in Kontakt. Damals war so etwas eben noch möglich. Der Pastor kam nun auch öfter mal privat zu uns und bald wurde er das „tägliche Brot“. Er spielte gern Skat und trank auch gern ein Glas Bier, so daß wir öfter mal miteinander in die Schänke gingen. Da blieb es nicht aus, daß wir eines Tages Brüderschaft machten. Er war ein paar Jahre älter als ich und hieß Johannes, wie es sich für einen Pastor gehört. Wie ich heiße, wißt Ihr ja.
Wieder einmal war der Herbst ins Land gezogen und das Erntedankfest stand vor der Tür. Die Gaben waren recht bescheiden, ein paar Kartoffeln und Rüben, ein paar Ähren und paar saure Äpfel. In der Vorbereitung klagten die Bauern dem Pastor ihr Leid. Die Hirsche würden ihnen die ganze Ernte wegfressen, aber keiner würde sie abschießen. Das ließ unseren Pastor keine Ruhe. Bei bester Gelegenheit sagte er zu mir, ob ich nicht wüßte, wie man an eine Flinte kommen könnte, um einen Hirsch zu schießen. Es wäre doch eine gute Tat und man könnte auch den armen Leuten helfen. Er hätte auch etwas zu bieten, ein Paar neue Stiefel, eine Hose und ein paar Schuhe. Ich sagte, daß ich mich einmal umhören wollte. In Wirklichkeit wußte ich aber schon, an wen ich mich wenden wollte. Mein Freund Richard war bei der Polizei. Sie hatten damals nach dem Kriege solche blauen Uniformen an. Nur unter tiefstem Stillschweigen und weil wir gute Freunde waren, kam ich mit ihm ins Geschäft.
„Draußen in der „Dreie“, wo die kleinen Fichteln beginnen, ist eine große Fichte umgestürzt und hat das Erdreich herausgerissen. Unter den Wurzeln findest du einen Karabiner, in Oelpapier und Säcken eingewickelt und auch zwei Ladestreifen Patronen, zehn Stück. Aber laßt euch ja nicht von den Russen erwischen. Ich weiß von nichts. Die Flinte habe ich noch nie gesehen. Hast du verstan-

den?" Und ob ich es verstanden hatte. Nun lag die ganze Verantwortung auf meinen schmalen Schultern.
Noch am selben Abend liefen wir hinaus in den Wald, in die „Dreie". Nun muß ich Euch sagen, daß der Pastor viel größer war als ich. Wir zwei sahen aus wie Pat und Patachon, wenn wir nebeneinander standen. Jedenfalls hatten wir die Flinte entdeckt und es war alles genau so, wie mir es der Richard gesagt hatte. Der Pastor hatte einen weiten Lodenmantel an, unter dem er die Flinte verstecken konnte. Als wir zu Hause waren, sagte er: „Ich kann aber das Gewehr nicht mit ins Pfarrhaus nehmen." Na, ja, das macht nichts. Ich nahm die Flinte mit und versteckte sie bei meiner Frau unterm Strohsack. Die wußte nichts davon und konnte beruhigt schlafen. Am nächsten Abend, es war noch hell, da zogen wir hinaus in den Wald. Der Pastor hatte das Gewehr wieder unter seinem Lodenmantel versteckt. Wir mußten weit laufen, bevor wir an dem Hochstand angekommen waren. Nun saßen wir in der Kanzel und harrten der unbekannten Dinge, die auf uns zukommen sollten. Die Flinte war geladen und ringsum tiefe Stille. Auf einmal hören wir ein Knacken, und aus den Fichteln tritt ein großer Hirsch heraus auf die Lichtung und bleibt stehen, wie ein Denkmal. Scheinbar hatten wir guten Wind. Ich entsicherte das Gewehr, legte an, zielte und drückte ab. Aber kein Knall, nichts. Ein Blindgänger. Ich lade durch, lege wieder an, der Hirsch stand noch immer wie eine Eins, aber wieder ging kein Schuß los. Ich lade zum zweiten Mal durch, und als ich anlege und abdrücke, zog der Hirsch gemächlich weiter, als wollte er mir sagen: du Anfänger. Schnell sind wir vom Hochstand runter und zu der Stelle hingelaufen. Der Pastor fand ein paar Tropfen „Schweiß", vielleicht hatte ich ihn ein bißchen geritzt. „Wir haben getroffen", sagte er und wollte den Hirsch verfolgen. Aber ich erklärte ihm den Unsinn des Unterfangens. Auf dem Heimweg haben wir uns dann ausgemalt, was wir denn gemacht, wenn wir den Hirsch getroffen hätten.
Zwei Tage später kam der Höhepunkt unserer Aktion. Wir gingen wieder hinaus in den Wald. Diesmal auf einen anderen Hochstand.

Wieder saßen wir in der Kanzel und warteten. Da hörten wir es auf einmal knacken. Vorsichtig nahm ich die Flinte hoch und sah in die Richtung. Aber kein Hirsch, nein, ach du lieber Gott! Da kam ja ein Mann im Dämmerlicht auf uns zu. Ich sagte ganz leise zum Pastor: „Was soll ich denn machen, soll ich schießen?“ Der war natürlich genauso erschrocken, wie ich und brachte kein Wort heraus. Jetzt kam der Mann schon die Sprossen herauf. Hoffentlich ist es kein Russe, ging es mir durch den Kopf, sonst kommst du womöglich noch nach Sibirien. Ich hatte mein Gewehr auf ihn gerichtet, als er mit dem Kopf über die Kanzel kam. Einer war erschrockener als der andere und auch zugleich erleichtert, als wir uns erkannten. Er hatte sich zuerst gefaßt und sagte: „Das ist ja kaum zu glauben, der Bürgermeister, der Pastor und der Schulmeister gehen wildern. Und der Pastor noch dazu auf der falschen Kanzel.“

Wir waren so froh und glücklich, als der Bürgermeister sagte: „Heute wird sowieso nichts mehr. Wir schaffen unsere Flinten nach Hause und treffen uns in der Schänke. Das haben wir uns verdient.“ So wurde es gemacht, und es wurde eine lustige Stammtischrunde. Aber keiner hat was davon gepfiffen, was sich eine Stunde zuvor im Wald abgespielt hatte. Feind hört mit. Insgeheim hatte ich trotzdem noch Bammel, daß mich eines Tages die Russen abholen. Aber der Bürgermeister hat zu niemandem ein Wort gesagt, was ich ihm heute noch hoch anrechne. Erst nach ein paar Jahren hat er die Story einmal am Stammtisch zum besten gegeben. Aber zu der Zeit hatte sich der Pastor schon in den Westen abgesetzt.

Spitznamen

Als Kinder haben wir immer gesungen: „Dr Astlpaul, dr Augustin, de Kokusnuß, dr Sacharin ...“ und so weiter. Das ist der Refrain eines erzgebirgischen Liedes, das von Annaberg-Buchholz handelt. Heute hört man es kaum noch. Solche komischen Namen gibt es ja gar nicht, werdet ihr sagen. Nein, das sind natürlich Spitznamen, wie sie bei uns im Erzgebirge üblich sind, denn da haben die meisten Leute einen Spitznamen. Da gab es auch manchmal ein ganz schönes Theater, weil es manche Leute als Beleidigung auffaßten. Viele Ortsleute wußten oft selbst nicht, wie der richtige Name lautete. Ja, und wir Kinder hatten ja nie etwas anderes gehört.
Eines Tages sagte mein Großvater zu mir: „Du gehst mal hinter zum Donnerwetter-Paul und bringst ihm das Büchlein vom Stülpner-Karl. Er möchte es einmal lesen“. Widerrede gab es sowieso nicht, also machte ich mich auf den Weg. Der Paul wohnte hinten im „Winkel“. Ich überlegte nun unterwegs, ob der Paul wirklich mit Familienname Donnerwetter hieß. Wir sagten ja „Dunnrwattr“. Aber es gab ja solche verrückten Namen. Da fiel mir ein, daß es eine Lehrerin gab, die „Würstchen“ hieß. Einfach Paul zu sagen, getraute ich mich nicht.
Als ich ankam, saß der Paul mit seiner Minna auf der Bank vorm Haus. Mir war es schon ein wenig schwummrig, als ich sagte: „Guten Tag, Herr Donnerwetter, hier ist das Stülpner-Büchel von meinem Großvater.“ Aber kaum hatte ich ausgeredet, da sprang der Paul von der Bank auf und brüllte: „Du verdammter Lausgung, wenn du nochmal „Dunnrwattr“ zu mir sagst, lege ich dich übers Knie und hau dir den Arsch aus, daß du die Engeln singen hörst. Deinem Großvater werde ich es erzählen.“ Aber das hörte ich schon kaum noch. Ich rannte den Berg hinunter, als wäre der Teufel und nicht nur der Donnerwetter hinter mir her. Es gab eben Leute, die wurden fuchsteufelswild, wenn sie beim Spitznamen genannt oder gerufen wurden. Zu der Sorte gehörten bei uns im Dorf auch noch der „Blitz“, der „Pfieb“, der „Ruß-Albin“ und der „Bammi“.

Doch manche nahmen ihren Spitznamen ganz gelassen hin, weil sie sich im Laufe der Jahre daran gewöhnt hatten. Es war auch die beste Lösung, die Leute auseinander zu halten. Ich denke dabei an die Großfamilien, wie z. B. „de Gette-Schustern", „de Leharden" oder „de Hädn-Bauern". Wenn dann noch der Vorname dazu genannt wurde, wußte ein jeder, wer gemeint war. Da gab es eben den „Gette-Schuster-Luis" oder den „Gette-Schuster-Martin", den „Lehard-Oskar", den „Lehard-Richard", den „Hädn-Bauer-Paul" oder den „Hädn-Bauer-Martin" und so weiter.
Wieder andere waren direkt stolz auf ihren Spitznamen, wie der Weinert-Gustav, den sie Hindenburg nannten, weil er so einen Bart hatte, wie ihn der Hindenburg trug.
Wir Jungen freuten uns darüber spitzbübig und machten uns einen Scherz daraus, wenn sich einige Leute über ihren Spitznamen so sehr ärgerten. Einer wurde ganz besonders böse, der hieß mit dem Spitznamen „Straff". Warum, das wußten wir nicht. Wenn er sich aber einmal im Dorf sehen ließ, versteckten wir uns. Fühlten wir uns dann sicher und glaubten, daß er uns nicht erwischen konnte, schrien wir abwechselnd: „Straff", „Straff"! Da fuhr dem Otto sein Köpfchen rum, mit dem Stecken drohte er uns und zum Schullehrer wollte er gehen.
Wenn er aber keinen entdecken konnte, ging er schnell zur Brückner-Minna in den Krämerladen. Wir Dorfjungen hatten wieder einmal unsere Freude gehabt.

Probeliegen

Carl Georg Hetze war in unserem Dorf ein vermögender Sägewerksbesitzer. Er besaß die Brettmühle, „de Braatmiehl", wie wir sagten. Er nannte auch noch Grundstücke und Wald sein eigen. Also, er war ein reicher Mann.
Die Brettmühle ging gut. Außer Lohnschneiderei für die großen Bauern und Waldbesitzer wurden noch Dielen- und Dachbretter,

Balken und Dachsparren zugeschnitten. Das waren meistens Aufträge von den Baumeistern. Er hatte ungefähr zwanzig Leute beschäftigt: Gatterführer, Brettschneider und Hofarbeiter.
Kein Wunder also, daß seine Frau so hochnäsig war. Sie war eben eine Fremde. Wer weiß wie oft schaute sie in den Spiegel, als wollte sie „Spieglein, Spieglein, an der Wand…" machen. Sie ließ sich auch öfter in die Stadt fahren mit der Pferdekutsche. Der Neubert-Kutscher mußte dann die Päckchen und Pakete aus den Geschäften in die Kutsche hinaus tragen. Einen neuen Hut hatte sie sich auch wieder gekauft, er sah es an der runden Schachtel. Dann ging sie auch noch ins „Cafe Spitzner", wo sie sich als große Dame sehen ließ, um Kaffee zu trinken, Torte mit Schlagsahne zu essen und mit den anderen vornehmen Damen über dieses und jenes tratschen zu können. Der Neubert-Kutscher mußte mit der Pferdekutsche draußen warten, bis die gnädige Frau sich wieder nach Hause kutschieren ließ.
Der Herr Oberförster Meisel war ein guter Bekannter vom „Braatmiehl-Hetz", wie er bei uns im Dorf hieß. Sie machten auch öfter Geschäfte miteinander, an denen beide nicht schlecht verdienten. Eines Tages erzählt der Oberförster, als er mit seiner Frau beim Hetze zum Abendbrot eingeladen war, daß er sich einen Sarg zugelegt hätte, natürlich aus Eiche. Man müßte doch schließlich wissen, worin man einmal liegt. Nun stünde er auf dem Oberboden, bis es eben mal soweit wäre. Als am Abend der Besuch fort war, konnte die Frau Hetze nicht gleich einschlafen, so ging ihr der Sarg vom Oberförster Meisel im Kopf herum. Das war kein schlechter Gedanke von dem Oberförster, dachte sie. So einen Sarg werde ich mir auch zulegen, der frißt doch kein Brot. Am nächsten Morgen beim Kaffeetrinken sprach sie darüber mit ihrem Mann. Der wollte nicht. Auf keinen Fall wäre er damit einverstanden. Er wolle sich doch nicht zum Gespött der Leute machen. Aber sie ließ nicht locker, bis er zugesagt hatte, daß er beim Sargtischler Ullmann einen bestellen wollte. Aber, wie gesagt „streng geheim!". „Aber vergiß nicht, aus Eiche!", rief sie hinter ihm her, als er hinüber ging ins Kontor.

Nach zirka vier bis sechs Wochen, der Herr Hetze war gerade mit der Pferdekutsche unterwegs, um Holz einzukaufen, - er käme auch vor abends nicht nach Hause, hatte er ausrichten lassen -, da brachten zwei Lehrjungen von der Möbel- und Sargtischlerei Ullmann aus dem Oberdorf eine zugedeckte Kiste auf dem Handwagen. Der Meister hatte den Lehrjungen gesagt: „Wenn euch unterwegs jemand fragt, was ihr auf dem Wagen habt, so sagt ihr: einen Schrank für den „Braatmiehl-Hetz“. Habt ihr mich verstanden?“ Die Frau Hetze hatte die Jungen schon vom Fenster aus gesehen. Schnell war sie draußen und sagte: „Tragts nur derweil in die Stube herein.“ Sie gab den Jungen ein paar Pfennige Trinkgeld und hat ihnen nochmals eingeschärft, zu keinem ein Wort davon verlauten zu lassen. Als die Jungen fort waren, konnte sie ihre Neugierde nicht mehr zähmen. Vorsichtig nahm sie die Plane herunter - und nun sah sie ihn in seiner ganzen Pracht: ihren Eichensarg.
Auf einmal kam ihr doch ein ganz verrückter Gedanke: Wie mag ich denn aussehen, wenn ich einmal da drinnen liege? Und sie dachte: Jetzt zieh ich mir mein Brautkleid an, hole mir ein Sträußchen Blumen herein, mach mich schön und lege mich einmal hinein. An der Wand hing ein großer Spiegel. Den nahm sie herunter und stellte ihn so hin, daß sie sich sehen konnte, wenn sie im Sarg liegt. Gesagt, getan. Das Probeliegen konnte beginnen.
Während sie sich nun zurechtmachte, kam der Briefträger, der Lobn-Gust. Er steuerte direkt auf das Kontor zu, wo der Hetze schon immer auf die Post wartete.
Inzwischen hatte die Hetzen ihr weißes Brautkleid angezogen und legte sich in den Sarg hinein. Ein paar Blümchen hatte sie in der Hand und faltete die Hände, als ob sie bete. Sie betrachtete sich im Spiegel, hob das Köpfchen und drehte sich rum und num.
Der Lobn-Gust dachte: nanu, im Kontor ist heute gar keiner. Nu, da mußte er eben die Post zur Frau Hetzen in die Stube tragen. Er klopfte an die Tür, und obwohl die Hetzen im Sarg lag, rief sie „Herein!“. Als der Lobn-Gust die Tür aufmachte, hob die Hetzen ihren Kopf, weil sie sehen wollte, wer es war. Ihre Neugierde war so groß,

daß sie sich ganz vergessen hatte.
Der Lobn-Gust dachte, er hätte einen schlechten Traum, als er die Frau Hetze im Sarg liegen sah. Er schrie laut und rannte zur Tür hinaus, so sehr war er erschrocken. Draußen rief er alle Arbeiter zusammen und sagte: „Ein Unglück, die Frau Hetze liegt im Sarg!"
„Was sagst du da? Was ist los?" Doch als sie in die Stube hinein wollten, stand die Frau Hetze schon unter der Haustür, noch immer im Brautkleid und sagte: „Gehts nur wieder an die Arbeit, es ist nichts passiert."
Nun, man kann sich wohl denken, was für ein Gewitter aufzog, als der Herr Hetze nach Hause kam und von dem ganzen Theater erfuhr. Für die Leute im Dorf war das so ein „richtiges Frassen", weil sie die Frau Hetze sowieso nicht leiden mochten.
Aber wenn man die Sache richtig betrachtet: Schuld war nur der Oberförster.

Ein schönes Osterfest mit Hindernissen

Ein bißchen was gutes zu Essen, nun, wer sollte wohl keinen Wert darauf legen. Das ging den Menschen, wie den Leuten. Auch ich habe immer ein bißchen viel vom Essen gehalten, was man natürlich auch äußerlich sehen konnte. Alles nur reingefressener Ärger, sagte ich immer, obwohl ich es besser wußte. Meine Frau ist aber auch eine sehr gute Köchin und hat mir es nie an etwas fehlen lassen.
Nun soll man ja bekanntlich nicht nur für einen Tag sorgen, nein, man soll auch an später denken. So kochte meine Frau eben im Sommer Schwarzbeeren (Heidelbeeren) ein, weil es sie eben im Sommer gab, und im Winter fehlte es meistens daran. Das Einkochen wurde auch richtig gemacht und der Brei in die Flaschen gefüllt. Die Flaschen wurden zugestöpselt und für den Winter im Keller zurecht gestellt. Zu Weihnachten sollte die erste Flasche dran glauben. Nun hatte aber unser Sohn geschrieben, daß er zu Weihnachten nicht kommen könnte, aber zu Ostern käme er ganz bestimmt.
Das Frühjahr kam nun ran und damit langsam auch das Osterfest.

Meine Frau sagte zu mir: „Wir möchten auch mal wieder die Stube ausweisen, wenn der Junge kommt.“ Ich hatte auch schon daran gedacht und erwiderte: „Du hast recht. Morgen früh geht es los.“ Der Küchenschrank, das Kanapee, der Brotschrank, der Tisch und die Stühle wurden in den Hausflur hinausgeräumt, ein paar Teller und ein paar (Tippln) kleine Töpfe, mehr hatten wir nicht. Ein Eimer Kalk war besorgt, nun konnte die Weiserei losgehen. Einen „richtigen Maler“ zu nehmen, dazu hatten wir kein Geld. Damit nicht soviel „Schweinerei“ wurde, hatten wir die Stube mit alten Zeitungen ausgelegt. Die Frau machte die Stube wieder schön sauber und putzte auch die Fenster. Alles wurde wieder schön eingerichtet. Nun konnte der Junge kommen. Die Osterfeiertage waren da und der Junge auch. Er freute sich über die „neuwaschene“ Stube und alle waren wir froh und glücklich.
Und weil es zu den Feiertagen auch was gutes zu Essen geben sollte, wurde ein Hase geschlachtet. Die Mutter wollte grüne Klöße machen und als Kompott sollte es Schwarzbeeren geben. Die Töpfe und Pfannen standen auf dem Ofen, alles kochte und bruzelte. Da sagte meine Frau: „Geh nur mal in den Keller und hole eine Flasche Schwarzbeeren rauf.“ Sie wollte anschließend die Flasche öffnen. Aber sie hatte den Stöpsel noch gar nicht ganz raus, da krachte es auf einmal und wie ein Sektkorken knallte der Stöpsel an die Decke und mit ihm die ganze Flaschenfüllung. Der Brei war natürlich nicht nur an einer Stelle, nein, die ganze Decke war gesprenkelt. „Nein, so ein großes Unglück“, jammerte die Frau nach dem ersten Schrecken, „nein, die schöne frischgeweiste Decke!“ Sie schlug die Hände über den Kopf zusammen und konnte sich gar nicht wieder beruhigen. Der Junge wollte die Mutter trösten: „Wir haben ja noch mehr Flaschen im Keller. Ich hole gleich eine neue rauf.“ Doch der Mutter ging es weniger um die Schwarzbeeren, als vielmehr um die Decke. Aber, weil ein Unglück selten allein kommt, erging es uns mit der zweiten Flasche genauso, wie mit der ersten. Nur, daß sie diesmal der Junge geöffnet hatte. Und wenn von der ersten Flasche noch eine kleine Ecke an der Decke frei war, so blieb nach der zweiten keine freie

Stelle mehr, wo keine Schwarzbeeren klebten. Die Decke sah aus, als ob alles voll Fliegen hinge.
Aber das Osterfest wurde trotzdem noch richtig schön gefeiert, das Essen hat geschmeckt, wenn auch ab und zu ein kleiner Klecks von oben kam, der Gemütlichkeit tat es keinen Abbruch. Mit den restlichen Flaschen sind wir dann natürlich vorsichtiger umgegangen. Es sollten doch nicht alle Flaschen Schwarzbeeren zum Stuben mustern Verwendung finden.
Doch, wie das eben so ist bei uns im Dorf. Das Oster-Unglück sprach sich wie ein Lauffeuer herum und so mancher wird sich aus Schadenfreude die Hände gerieben haben. Nun ja, wer den Schaden hat, braucht für den Spott nicht zu sorgen.

Der gemauste Kirmesbraten

Anna stammte aus der Landwirtschaft. Nun war sie Rentnerin, hatte in ihrem Heimatdorf eine schöne Wohnung und lebte glücklich und zufrieden. Ihre Tochter wohnte im Nachbardorf und besuchte sie jedes Wochenende, um ihr beim Saubermachen und Einkaufen zu helfen. Aber eines war bei der Anna aus früheren Zeiten haften geblieben, nämlich die Liebe zu den Tieren. Der Sohn hatte ihr einen Hasenstall gebaut. Kaum jemand im Dorf versorgte seine Tiere so gut, wie Anna ihre Hasen. Sie hatte vier in ihrem Stall, die sie natürlich alle mit Namen kannte. Besonders stolz war sie auf „Maxl", ihren weißen Riesen.
„Maxl" war so zutraulich, daß er Anna aus der Hand fraß, wenn sie ihn rief und mit kleinen Leckerbissen aufwartete. Aber auch die anderen kamen zu ihrem Recht. „Maxl" war eben ihr Liebling. Genauso ihre Katze „Minga", die sie stets begleitete, wohin sie auch ging: zum Hasenfüttern, auf die Post oder in den Konsum. Anna konnte auch nicht von zu Hause weg, wenn sie z. B. einmal zu den Kindern kommen sollte. Im äußersten Fall mußten sie dann die „Minga" mit in kauf nehmen.

Der Sommer neigte sich dem Ende zu, und Ende September, anfangs Oktober, feierten die Leute in unseren Erzgebirgsdörfern die Kirmes. Da kamen Schausteller mit Reitschule, Luftschaukel und Ratzbuden ins Dorf. Beim Bäcker wurden auf runden Blechen Zukker-, Sträußel-, Pflaumen- und Quarkkuchen gebacken. Hasen mußten zu Dutzenden dran glauben, damit ein guter Braten auf den Tisch kam. Annas „weißer Riese" stand auch mit auf der Tagesordnung. In Gedanken stellte sie sich schon vor, wie der Fleischergeselle Robert, ihren „Maxl" aus dem Stall zerrte, in den Sack steckte, um ihn zur Schlachtbank zu bringen. Robert war ein erfahrener Fleischer, er wickelte das Fleisch zu Rollbraten, der in Scheiben geschnitten einen saftigen Braten ergab. Dazu grüne Klöße und Rotkraut: das war ein richtig gutes Kirmes-Essen. Es wurde ihr übel, wenn sie auch nur daran dachte. Ich bringe keinen Bissen runter. Aber noch hatte sie ja ihren „Maxl" im Stall und streichelte ihn, als wollte sie sich schon im Vorhinein entschuldigen.
Als Anna am nächsten Morgen von „Minga" begleitet, ihre Hasen füttern wollte, war ihr so, als treffe sie der Schlag. „Maxl" war nicht mehr in seinem Stall, so sehr sie auch suchte und rief. Sie schrie das ganze Haus zusammen. Aber alle schüttelten den Kopf. Sie hatten nichts gehört und nichts gesehen. Anna fuchtelte nicht lange: „Jetzt gehe ich zum Gendarm, Anzeige machen. Mir haben sie meinen „Maxl" gemaust!" Aber im Gemeindeamt, wo der Polizeier Helmert sein Dienstzimmer hatte, war abgeschlossen. In der Gemeinde sagten sie ihr, er sei heute früh mit dem Fahrrad in die Kreisstadt gefahren.
Anna wollte zu seiner Frau, um zu erfahren, wann der Helmert zurück käme. Am Haus angekommen, ging sie nach hinten, wo der Helmert seinen Hasenstall hatte. Sie glaubte ihren Augen nicht zu trauen: beim Gendarm Helmert im Hasenstall entdeckte sie ihren gemausten „Maxl". Zornig, wie eine Handgranate vor der Explosion, rannte sie die Stufen hinauf zu Helmerts Wohnung. Sie klopfte laut an die Tür. Als die Helmerten öffnete, sprudelte die Anna heraus: „Sag mal, wie kommt denn mein „Maxl" in Euren Hasenstall?

Kannst Du mir das vielleicht erklären? Steckt vielleicht der Gendarm neuerdings mit den Mausdieben unter einer Decke? Jetzt rufe ich beim Kreis an. Das wäre doch gelacht, wenn ich mir mein Recht nicht verschaffen könnte! So eine Schweinerei!" Die Helmerten wußte gar nicht, was ihr geschieht und kam gar nicht zu Wort. Die Anna war schon wieder wie eine Furie die Treppen hinunter und zur Haustür hinaus. Die „Minga" rannte hinter ihr her. Die Hausbewohner hatten alles mitbekommen, denn Anna hatte ja laut genug gesprochen. Sie schüttelten den Kopf und wollten es gar nicht glauben, womit die Anna ihn beschuldigte. Er war doch immer ein unbescholtener Mann gewesen. Außerdem hatte er selbst genügend Hasen im Stall. Anna steuerte unbeirrt auf die Post los, um zu telefonieren. Der Arno, was der Posthalter war, fragte Anna: „Wen willst du denn anrufen?" „Die Polizei im Kreis," entgegnete Anna ziemlich barsch, „der Gendarm Helmert hat mir meinen „Maxl" gemaust." Als geklärt war, wer denn „Maxl" eigentlich ist, versuchte Arno kopfschüttelnd eine Verbindung in die Kreisstadt herzustellen. Dann war es soweit. Arno reichte der Anna den Hörer hinüber. „Ja, wer ist denn dran? Die Polizei? Hier ist die Anna Reibig aus Schwarzbach. Ich will eine Anzeige machen. Also, der Gendarm Helmert hier in Schwarzbach hat meinen „Maxl", was mein Hase ist, gemaust oder gestohlen." Es gab noch ein langes Palaver, ehe die Kriminalpolizei begriffen hatte, worum es der Anna eigentlich ging. Da müßte sicher ein Irrtum vorliegen, denn der Gendarm würde doch keinen Hasen stehlen. Aber sie wollten trotzdem einen Beamten zur Klärung nach Schwarzbach schicken. Der von der Kripo brachte den Gendarm Helmert gleich mit und im Dienstzimmer der Gemeinde fanden dann die Verhöre statt.

Helmert wollte gleich hochfahren und schrie die Anna an, was sie sich denn eigentlich erlaube. Der Beamte wies ihn zurück und stellte erst einmal klar, daß er hier das Sagen habe. Dann erteilte er der Anna das Wort. Sie erzählte alles der Reihe nach, und daß sie schließlich ihren „Maxl" beim Herrn Gendarm Helmert im Hasenstall wiedergefunden hätte. Helmert wehrte sich energisch gegen die Vorwürfe, den Hasen, wenn es überhaupt der von der Frau Reibig wäre, gestohlen zu haben. Er habe ihn ordnungsgemäß gekauft und bar bezahlt. „Aber nicht von mir!“ donnerte die Anna dazwischen. Am Ende klärte sich der ganze Betrug auf. Annas Nachbar, „dr Holunder“, so hieß er mit Spitznamen, weil er immer den Holunder als so gesund anprieß, brauchte wieder einmal Geld für die Kneipe. Der Wirt schrieb für ihn nicht mehr an, weil er aber lieber in der Kneipe saß, als zu arbeiten, brauchte er wieder einmal Geld. Für ihn galt: lieber ein wackliger Stammtisch, als ein fester Arbeitsplatz. Also, dachte er, wozu braucht denn die alte Anna so einen großen weißen Riesen und der Helmert brauchte ihn zur Zucht. Daß er ihn aber gerade dem Helmert andrehte, war sein Pech. Er wurde aus der Kneipe geholt und gestand auch sofort. Der Gendarm Helmert erhielt eine Verwarnung. Er sollte sich in Zukunft vorher überzeugen, von wem er etwas käuflich erwirbt. Höchstpersönlich mußte er den Hasen in Annas Stall zurückbringen. Aber er wollte auch seine Rache. Er verdonnerte den Hasendieb „Holunder“ zu drei Tagen Spritzenhaus bei Wasser und Brot. Anna hatte inzwischen keinen Bock mehr darauf, „Maxl“ als Kirmesbraten zu opfern, - und wenn man es richtig betrachtete, war der „Maxl“ ja sowieso ein „gemauster Kirmesbraten“.

Der Militärverein

Die Veteranen des ersten Weltkrieges von 1914–1918, die dieses Völkermorden überlebt hatten, fanden sich zusammen, um einen Krieger- und Militärverein zu gründen, wie es ihn in vielen Orten und Nachbardörfern bereits gab. Die Kameraden trugen bei festlichen und historischen Anlässen, wie zum Beispiel bei der Weihe unseres Kriegerdenkmals, eine feldgraue Uniform, an der sie auch ihre Orden anlegen durften. Darauf waren manche sehr stolz. Sie wurden von uns Jungen bestaunt und bewundert, wir hatten Achtung vor diesen alten Männern.

Zur Hauptaufgabe gehörte es, ihre ehemaligen Kriegskameraden auf ihrem letzten Weg zum Friedhof zu begleiten und den Ehrensalut übers Grab zu schießen. Der Vereinsführer, etwa im Range eines Leutnants, war der Fleischermeister Albert Schmieder. Es gab auch eine Kapelle, die vom Musikdirektor-Oskar geleitet wurde. Der Albert hatte einen Säbel, mit dem er herumfuchtelte, wenn er die Kommandos gab. Er war ja schließlich Korperal gewesen. Die Krieger hatten alte Gewehre aus dem ersten Weltkrieg. Diese Waffen waren beim „Schmieder-Fleischer-Albert" untergebracht.
Wurde ein Kriegskamerad beerdigt, trafen sich alle Kameraden beim Albert vor der Fleischerei. Er händigte ihnen die Gewehre aus und je drei Schuß Platzpatronen. Sie formierten sich und marschierten zum Friedhof, wo sie Aufstellung nahmen und Spalier bildeten. Wenn der Leichenwagen ankam und der Sarg auf den Friedhof getragen wurde, begleiteten sie ihn und stellten sich dann links und rechts des Grabes auf. Wurde dann der Sarg in die Tiefe gelassen, spielte die Kapelle: „Ich hatt einen Kameraden ...". Dann kam die Zeit der alten Krieger. Albert zog den Säbel aus der Scheide, stieß ihn in die Luft und kommandierte: „Durchladen! Zum Ehrensalut hoch legt an! Feuer!" Päng, päng, päng! Die Platzpatronen explodierten. Die Leute zuckten zusammen und hielten sich die Ohren zu. Oft lösten sich die Schüsse nicht zur gleichen Zeit, so daß es manchmal wie Maschinengewehrfeuer klang. Dreimal wurde zu Ehren des alten Kriegskameraden über das offene Grab geschossen. Nachdem der Pulverdampf sich verzogen und die Papierschnipsel der Platzpatronen heruntergerieselt waren, wurde vor dem Friedhof angetreten und zurück ging es zum „Schmieder-Fleischer". Die Waffen wurden gereinigt und abgegeben, wobei sich manchmal noch ein vergessener Schuß löste. Der Albert kontrollierte die Gewehre auf Sauberkeit, dann kamen sie zurück in den Waffenschrank.
Nun kam das Schönste des Tages, denn jetzt ging es zum „Leichensteinsetzen" in die Schänke. Mitunter bekamen sie von den Hinterbliebenen ein Scheinchen zugesteckt, das sofort in Freibier umgesetzt wurde. Zwischendurch wurden alte Regimentsmärsche aufge-

spielt und gesungen. Lustig ging es zu, denn jeder konnte der nächste sein.
Wir Kinder standen draußen, hörten der Blasmusik zu und versuchten, durch die Scheiben zu gucken. Die Blasmusik wurde mit der Zeit immer schwächer und immer schräger, bis sie ganz ausklang. Am späten Nachmittag verließ dann einer nach dem anderen die Stätte des Freibieres und torkelte mehr oder weniger betrunken, heimwärts. Wir Kinder liefen hinter ihnen her und freuten uns, wenn sie uns schimpfend fortjagen wollten, was ihnen natürlich nicht gelang. Viele hielten es sehr lange aus und entkamen uns.
Am lustigsten war es, wenn der Musikdirektor-Oskar mit seiner großen Tuba von einer Straßenseite zur anderen torkelte, wenn er den Kirchberg hinauf wollte, nach dem Motto: einen Schritt vorwärts und zwei Schritte zurück.

Das Schützenfest

Einmal im Jahr, in der Zeit der großen Sommerferien, fand in unserem Dorf das Schützenfest statt. Vor allem für uns Jungen war das ein großes Erlebnis.
An einem Sonntagmorgen wurde in einer mit Girlanden geschmückten Pferdekutsche der Schützenkönig des Vorjahres abgeholt. Musiker spielten ein Ständchen, dann holten sie die fein herausgeputzte Schützenkönigin ab. Begleitet von den Schützen, in ihren schmukken grünen Uniformen, ging es hinauf zum Schützenplatz am Gasthof „Schützenhaus“. Dort wartete ein Frühstück und ein erster Umtrunk auf die Schützen. Der Vorsitzende eröffnete das Fest und wünschte jedem Schützen: „Gut Ziel!“ Dann begann das Schießen auf einen künstlerisch gestalteten Vogel, der hoch auf einer Stange montiert war. Geschossen wurde nicht mit einer Armbrust, wie es heute üblich ist, sondern mit Kleinkalibergewehren aus dem Schießstand heraus. Der Vogel war so gebaut, daß außen herum mit dem Abschießen der „Federn“ begonnen wurde. Dann ging es weiter mit

den Beinen, dem Kopf und dem Körper, bis dann am späten Nachmittag nur noch das Herz übrigblieb. Alle Teile des Vogels waren mit kleinen Scheiben versehen, auf die geschossen werden mußte. Als es „um die Wurst“ ging, schossen einige absichtlich daneben. Schützenkönig zu werden, war zwar eine große Ehre, aber auch ein teures Vergnügen. Freibier und Essen für die Schützenkameraden, Kinderfest, Kutsche und noch vieles mehr mußte bezahlt werden. Manchmal soll sogar schon vorher bekannt gewesen sein, wer neuer Schützenkönig wird. Trotzdem blickten alle gespannt hinauf zur Stange, zum Herzen, welches als letztes abgeschossen wurde. Plötzlich ein großer Jubel: das Herz aus Spiegelglas zersplitterte. Volltreffer! Aber wer war der neue Schützenkönig? Es dauerte eine Weile, bis die Nachricht aus dem Schießstand auf den Festplatz drang.
Feierlich hängte der „alte Schützenkönig“ dem „neuen“ die Schützenkette um den Hals. Gratulationen folgten. Der Jubel wollte gar kein Ende nehmen. Nun ging es ans Freibier, das im Bierzelt ausgeschenkt wurde. Gleich zwei Fässer waren angezapft worden. Freitouren auf Riesenrad, Reitschule und Luftschaukel sowie Jubel und Trubel auf dem Festplatz bis in die Nacht hinein, beendeten den ersten Tag.
Einer der aktivsten Initiatoren war der „Hahnl-Bäcken-Franz“. Wenn er nicht gerade schießen mußte, stand er in seiner Eisbude und rief unermüdlich: „Wer einmal leckt, der weiß wies schmeckt. Der leckt die ganze Bude weg!“
Für uns Kinder begann das eigentliche Fest erst am Montag. Am frühen Nachmittag begannen die Freuden mit dem Klettern auf die Kletterstange. An einem Kranz, den man hochziehen und herunterlassen konnte, hingen eingepackte Geschenke. Wenn die Jungen danach griffen, zog der Franz den Kranz wieder höher und man mußte noch ein Stück klettern. Aber die Mühe hatte sich gelohnt. Am Ende hatten sich alle, wenn auch oft recht mühselig, etwas „erklettert“.
Sehr lustig für alle großen und kleinen Zuschauer war das „Kuchen-Wettfressen“. Ein runder Schwarzbeer-(Heidelbeer)-Kuchen wurde auf ein Holzkreuz, welches mittels eines Pfahles in die Erde geschla-

gen wurde, aufgespießt. Vier Jungen mußten sich hinknien, die Hände auf den Rücken und auf Kommando sich bis in die Mitte durchfressen. Deren Eifer war dabei so groß, daß bald Backen, Hals und am Ende das ganze Gesicht, zur Freude der Zuschauer, über und über mit Schwarzbeeren beschmiert waren. Mitunter sogar das Hemd. Wer zuerst sich bis in die Mitte durchgefressen hatte, bekam als Sieger noch ein paar Freikarten für Riesenrad, Reitschule oder Luftschaukel.

Für die Mädchen gab es das Vogelschießen. Ein Vogel aus Blei, der an einem Faden hing, mußte auf eine Zielscheibe anvisiert werden. Wer traf, hatte etwas gewonnen. Dazu muß man vielleicht noch sagen, daß die Kinder damals auch noch viel bescheidener und anspruchsloser waren, als die Kinder heute. Ich hatte mir einmal ein kleines Päckchen erklettert. Als ich ein Taschenmesser auspackte, war das für mich die Welt. Wir hatten zu Hause für solche Dinge kein Geld.

Am Ende des Festes gab es für alle Kinder noch Freitouren auf der Reitschule, und noch im Bett drehte sich alles rund herum.

Wie aus dem 52er der 104er wurde

Diese Geschichte habe ich einmal irgendwo gehört und sie hat mir so gut gefallen, daß ich sie dann selbst ein paar Mal zum besten gegeben hatte. Sogar zur Jahreshauptversammlung der Freiwilligen Feuerwehr mußte ich sie darbieten. Natürlich haben außer mir auch noch viele andere irgendwo und irgendwann diese Geschichte gehört. Aber gelesen hat sie noch keiner, weil es eben so eine Dorfgeschichte ist, die zwar viele kennen, jedoch keiner hat sie je aufgeschrieben. Wie das aber auch bei solchen Geschichten ist, es wurde und es wird vieles dazugedichtet. Wie heißt es in der Literatur? Dichtung und Wahrheit. So will ich es auch halten und denke, am wichtigsten ist es doch, daß solche Geschichten der Nachwelt erhalten bleiben. Deshalb schreibe ich sie auf.

Eines Tages, zur Vorstandssitzung der Feuerwehr sagte unser Feuerwehrhauptmann, was der Arthur war: „Liebe Kameraden, wir können doch auf unsere Wehr stolz sein. Wir sind stark, halten zusammen und die Leistung stimmt auch. Unser Feuerwehrdepot, früher sagten wir Spritzenhaus, ist schön renoviert. Die Pferdespritze hat nur noch Museumswert, seit wir unseren neuen „Horch" haben. Also, wir könnten rundum zufrieden sein, aber etwas fehlt uns noch." Wir lauschten alle ganz gespannt, und jeder überlegte, was uns wohl noch fehlen sollte. So hatten wir unseren Hauptmann noch gar nicht erlebt. Er sprach weiter: „Wißt ihr, was uns noch fehlt? Eine zackige Feuerwehrkapelle." Nun war es heraus und es löste eine mächtige Diskussion unter den Vorstandsmitgliedern aus. Alle redeten plötzlich durcheinander. Dann hatte der Hauptmann aber die Fäden wieder in der Hand und erläuterte die weiteren Schritte. Zuerst mußte man herausfinden, wer von den Kameraden ein Blasinstrument spielen konnte. Dazu kamen Trommel, Pauke und Becken. Wer könnte außerdem noch in Frage kommen, und wer könnte die Kapelle als Kapellmeister leiten?
Viele wußten schon jemanden. Der Max spielt doch Trompete, der Albert Posaune, der Richard Klarinette. Der Erwin war ein Trommler und der Paul hatte schon manchmal auf die Pauke gehauen. Als Kapellmeister käme nur einer in Frage, meinten alle, das sei der Ernst.
Er wäre ein Musiker mit Herz und hätte ja auch schon als Kapellmeister große Erfahrung. Nun begann die große Aussprache. Viele waren sofort einverstanden, einigen mußte gut zugeredet werden. Am wichtigsten aber war: der Ernst machte mit. Kurze Zeit später war das erste Treffen in der Schänke. Der Ernst sortierte die einzelnen Stimmen und die Besetzung und kam zu dem Schluß, daß vor allem noch Trompeten, Hörner und ein Baß fehlten. Aber, woher nehmen und nicht mausen? Man müßte mal mit dem Posaunenchor der Kirche Verbindung aufnehmen. Aber es gab Probleme hinsichtlich des Tragens der Uniformen und der Mitgliedschaft. Der Ernst räumte diese Hindernisse aus dem Weg, indem er sagte:

„Die Feuerwehr ist weder ein politischer noch ein militärischer Verein, sondern ein gemeinnütziger. Die meisten unserer Mitglieder sind Christen und an unserem Spritzenhaus steht: Gott mit uns!" Außerdem müßten sie die Uniform nur zu Auftritten tragen und Mitglied müßten sie ebenfalls nicht werden. Damit hatte er doch einige überzeugt.

Nun ging es voll zur Sache. Ernst gab jedem das Notenblatt vom ersten Marsch, den sie einüben wollten. Nämlich den 52er. „Ihr kennt ihn ja alle", sagte er. „Schie rund in Gesicht un dick in dr Mitt un schiene weiße Baa, su muß mei Madl sah.." Übt alle gut, denn in vier Wochen haben wir die erste Probe." Der Ernst war dann auch mit der ersten Probe zufrieden, bis auf das Zusammenspiel. Aber, es könnte schon etwas draus werden. Als die Feuerwehr-Obersten des Kreises wieder einmal zusammenkamen, sagte der Feuerwehrhauptmann unserer Nachbargemeinde zu unserem Arthur, daß sie im Frühjahr Fahnenweihe hätten. Bei uns gäbe es doch eine Feuerwehrkapelle, ob die das Fest nicht umrahmen könnte. Der Arthur winkte ab. Er möchte erst einmal sehen, was zur Jahreshauptversammlung herauskäme, denn da sollte der erste Auftritt erfolgen. „Arthur, schicke mir bitte eine Einladung," sagte der Feuerwehrhauptmann vom Nachbardorf. So wurde es gemacht. Alle fieberten sie nun dem ersten Auftritt entgegen. Mucksmäuschenstill war es im Saal, als der Ernst sagte: „Kameraden, zum ersten Auftritt unserer neuen Feuerwehrkapelle spielen wir für Euch den 52er." Er hob den Taktstock, zählte 3, 4, und sie schmetterten den 52er in den Saal hinein, daß es die Kameraden förmlich von ihren Sesseln riß.

So einen großen Beifall hatten sie nicht erwartet. Nach der Versammlung, als der gemütliche Teil begann, mußten sie den 52er noch ein paar Mal spielen und alle sangen mit Herz und mehr oder weniger Stimme: „Schie rund in Gesicht und dick in dr Mitt un schiene weiße Baa, su muß mei Madl sah ..." Noch auf dem Heimweg gröhlten sie: „Schie rund in Gesicht..." Der Feuerwehrhauptmann vom Nachbardorf wollte an diesem Abend gleich noch alles

fest machen. Doch der Ernst hatte Bedenken und sagte: „Wir bringen doch erst den 52er. Einen zweiten Marsch bis zum Frühjahr schaffen wir nicht." Aber der ließ keine Ruhe und drängte und bettelte immer wieder.
Als das Frühjahr herankam, war die Sache perfekt. Er hatte es geschafft. Sie übten noch ein paar Mal und dann war es soweit. Pünktlich trafen sie sich an der Schänke. Manche mußten sich erst noch Mut antrinken mit ein paar „Stamperln" Kornschnaps. Sie stellten und marschierten Richtung Bahnhof. Kurz darauf kommandierte der Ernst: „Den 52er, 3, 4!" Sie schmetterten den 52er, daß es nur so schallte: „Schie rund in Gesicht und dick in dr Mitt un schiene weiße Baa, su muß mei Madl sah..." Die Kinder rannten neben der Kapelle her und viele Zuschauer hatten sich eingefunden.
Im Nachbardorf wurden sie vom Bahnhof abgeholt. Der Feuerwehrhauptmann begrüßte sie und bedankte sich, daß sie die Feier umrahmen wollten. Mit dem altbekannten 52er: „Schie rund in Gesicht und dick in dr Mitt un schiene weiße Baa, su muß mei Madl sah..." ging es zum Festplatz vor dem Gemeindeamt, wo sie Aufstellung nahmen. Der Bürgermeister kam in Frack und Zylinder, wie das damals so üblich war. Er sollte die Ansprache halten und die neue Fahne überreichen. In seinem Zylinderhut hatte er einen Zettel, damit er nachsehen konnte, falls er einmal stecken blieb. Er war ganz sehr aufgeregt, als der Feuerwehrhauptmann das Fest eröffnete und dem Bürgermeister das Wort erteilte. In seiner Aufregung hatte er geschwitzt und unter dem Zylinderhut eine feuchte Glatze bekommen. Als er zum Rednerpult ging und den Zylinderhut abnahm, blieb doch der Zettel auf der Glatze kleben. Er war ganz erschrocken und dachte, ich habe ihn doch selbst reingelegt. Nur nichts anmerken lassen und die Ruhe bewahren.
„Liebe Kameraden der Freiwilligen Feuerwehr, liebe Einwohner und Gäste!" Auf einmal bemerkte er, daß ein paar Leute anfingen zu kichern. Noch nicht laut, mehr so in sich hinein. Es wurde ihm kalt und heiß. Was ist denn nun wieder los? Doch er redete weiter: „Wir

haben uns heute zu einem freudigen Ereignis zusammen gefunden." Nun sah er, daß einige schon auffälliger lachten. Er wischte sich den Schweiß von der Stirn, da fiel der Zettel herunter. Das löste nun erst recht einen Heiterkeitssturm aus und alle lachten ungeniert. Der Bürgermeister hatte nur noch einen Gedanken: er wollte alles so schnell als möglich hinter sich bringen. Er verfiel in den Dialekt als er heraussprudelte: „Namt hie die Foh, die Foh is eier, namt hie die Foh, die Foh wor teier." Damit drückte er sie ganz schnell dem Feuerwehrhauptmann in die Hand. Der hatte die Not des Bürgermeisters bereits erkannt und gab dem Ernst ein Zeichen und los ging es mit dem 52er: „Schie rund in Gesicht un dick in dr Mitt und schiene weiße Baa, su muß mei Madl sah..." Der Bürgermeister war gerettet. Der Feuerwehrhauptmann schwenkte die neue Fahne und alle klatschten, lachten und sangen den 52er. Sie mußten den Marsch noch einmal spielen, bis der Feuerwehrhauptmann sagte: „Jetzt marschieren wir zum Gasthof, da wird „ä Fassl" Freibier angesteckt." Mit dem 52er marschierten sie in Richtung „Freibier". Es gab auch noch etwas zu Essen und das Freibier lief in Strömen. Immer wieder mußten sie den 52er spielen und alle gröhlten mit: „Schie rund in Gesicht und dick in dr Mitt und schiene weiße Baa, su muß mei Madl sah..."

Als sie so mitten drin in der Gemütlichkeit waren, sagte der Bürgermeister, der sich inzwischen wieder abgeregt hatte, zum Ernst: „Du, Ernst, ich war in meiner Militärzeit in Chemnitz bei den 104ern. Könnt ihr nicht mal den 104er spieln?" Er hatte noch gar nicht mitbekommen, daß immer nur der 52er gespielt wurde. „Tut mir leid, Erich, aber den bringen wir noch nicht. Aber weißt Du was, Dir zuliebe spielen wir den 52er zweimal."

Beerdigung von Haus aus

Wenn eine Leiche war, wurde am nächsten Tag das „Kreuz ausläutet". Das geschah von 9.00 Uhr bis 9.15 Uhr in sogenannten „drei Puls" von jeweils fünf Minuten. Da rissen sich die Jungen drum, weil man ein wenig Schule schwänzen konnte.
Als erstes wurde die Leichenfrau geholt. Sie wusch den oder die Verstorbene und kleidete sie an. Vom Ullmann, Hermann oder vom Gärtner, Moritz wurde der Sarg mittels Pferdefuhrwerk oder Handwagen gebracht. Anschließend wurde die Leiche im Hausflur oder auch im Waschhaus (je nach häuslichen Gegebenheiten) durch die Leichenfrau aufgebahrt. In den Sarg wurden aufgeschnittene Zwiebeln gesteckt, um den Geruch zu tilgen, ja mitunter sogar Mäuse oder Ratten fernzuhalten. Nachdem die Gemeinde, der Arzt, Pfarrer, Kantor, Totengräber, Leichenwagen, die Träger und Bläser verständigt waren, wurde vom Pfarrer der Tag der Beerdigung festgelegt. Meist fand sie nach drei Tagen gegen 13.00 oder 13.30 Uhr statt. Ich erlebte das mehrere Jahre, wie auch andere, aus der Sicht eines „Singgunges". Obwohl auch Mädchen dabei waren, hieß es eben „Singgunge". Der Ausdruck „Kurrende" war bei uns damals nicht geläufig. Wir, das waren acht bis zehn Mädchen und Jungen, hatten schwarze Umhänge und schwarze runde Mützen (Baretts) auf. Ich selbst war ab dem 5. Schuljahr dabei bis zu meiner Konfirmation. Wir probten unsere Lieder in der Schule beim Kantor, der zugleich Schulleiter war. Meist sangen wir zweistimmig. Auch zu Gottesdiensten an Sonn- und Feiertagen, Trauungen und Kindtaufen.
Wenn eine Leiche war, trafen wir uns in der Kirche, denn dort hing unsere Kleidung. Dann nahmen wir das Kreuz mit dem gekreuzigten Jesus und einem Trauerflor und liefen geschlossen mit Pfarrer und Kantor zum Trauerhaus. Der Leichenwagen mit den geschmückten Pferden kam hinter uns her. Im Trauerhaus angekommen, stellten wir unser Kreuz am Sarg auf und sangen je nach Regie meist: „Laßt mich gehen..." Nachdem der Pfarrer ein Gebet

gesprochen und die Bläser einen Choral gespielt hatten, wurde der Sarg von den Leichenträgern geschlossen und in den Leichenwagen gebracht. Dann setzte sich der Leichenzug in Richtung Friedhof in Bewegung. Wir „Singgunge“ liefen mit dem Kreuz vornweg, das einer von uns tragen mußte. Er hatte eine Scheide umhängen, wo es reingesteckt wurde, wie bei einer Fahne. Hinter uns marschierte die Kapelle und spielte ab und zu einen Trauermarsch, meist denselben, wenn es nicht gerade bergauf ging. Hinter dem Leichenwagen liefen dann die Angehörigen, Freunde, Nachbarn und Bekannten. War der Verstorbene bekannt und beliebt gewesen, war der Trauerzug oft sehr lang. Bei normalem Wetter war das alles kein Problem. Aber bei Regen, starkem Wind oder gar Schneetreiben machte uns das tüchtig zu schaffen, waren doch oft Wege von einigen Kilometern zurückzulegen. Die Nebenwege wurden nicht wie heute vom Schnee beräumt, mitunter nicht einmal die Hauptstraßen. Mit dem Pferdeschneepflug ging es eben nicht so schnell. Mitunter konnte man Angst haben, daß der Leichenwagen, der eiserne Kufen an den Rädern hatte, einmal umkippte. In schlimmen Situationen mußte schon mal auf den Pferde-Kastenschlitten zurückgegriffen werden. Wir Kinder froren an den Fingern und an den Füßen, besonders der, der das Kreuz trug. Deshalb mußten wir uns öfter ablösen.

Näherten wir uns dem Friedhof, begannen an den vereinbarten Stellen die Glocken zu läuten. Die „Lautgunge“ traten in Aktion. Der Glockenklang begleitete uns bis zum Friedhof. Am Friedhof angekommen, nahm der Kirchner und Totenbettmeister in Zylinder, Gehrock und weißen Handschuhen den Trauerzug in Empfang und geleitete ihn zum Grab. Die Leichenträger, in schwarzen Mänteln mit silbernen Knöpfen, einer eigenartigen Kopfbedeckung, die an den Admiral Nelson erinnerte, und ebenfalls weißen Handschuhen, trugen den Sarg bis zum Grab, das mit Reisig und Blumen ausgeschlagen war. Der Pfarrer hielt eine mehr oder weniger lange Rede, denn auch das richtete sich nach dem Wetter. Eventuell wurde es dann bei der Parentation (Trauerfeier oder -messe) im Pfarr-

saal nachgeholt. Oft wünschten sich die Angehörigen das Lied „S ist Feierabend“, wenn der Sarg in die Erde hinabgelassen wurde. Wir „Singgunge“ sangen meistens den Choral: „Im Grabe ist Ruh.“. Am Schluß beteten alle mit dem Pfarrer das „Vaterunser“, dann läuteten noch einmal die Glocken zum Abschluß der Trauerfeier auf dem Friedhof.
Trauergemeinde, Freunde und Bekannte begaben sich anschließend zur Parentation in den Pfarrsaal oder in die Kirche und anschließend zum Kaffeetrinken in die Schänke. Für viele begann das übliche „Leichenstein setzen“.
Für uns „Singgunge“ kam nun der freudige Augenblick, der uns für alles entschädigte. Nachdem wir Mäntel und Mütze in den Schrank gehängt hatten, erhielt jeder von uns einen silberglänzenden „Fuffziger“, der damals noch etwas galt. Von uns aus konnte am nächsten Tag schon wieder eine Leiche sein.
Unsere Nachbar-Kirchgemeinde besaß keinen eigenen Leichenwagen, weil sie nicht so viele Einwohner hatte. Deshalb wurden Leichenwagen und Träger angefordert, wenn eine Leiche war. Immerhin waren es sechs Kilometer durch den Wald. Da nicht alle Träger auf dem Kutschbock Platz fanden, setzten sie sich in den Leichenwagen. Um sich die Zeit zu vertreiben, spielten sie Skat.
Es muß schon komisch, vielleicht sogar ein wenig gruselig angemutet haben, wenn jemand dem Leichenwagen begegnete, denn damals gingen viele zu Fuß, und aus dem Leichenwagen tönte es in die Waldesstille hinein: 18, 20, 22, 24. Passe oder Kontra, Re!

Die neue Mütze

Zum Kirmesmontag gingen wir nachmittags in die Waldschänke Skat spielen. Mein Freund Kurt, Otto und ich. Da es um diese Zeit schon etwas kühler ist, hatte ich einen Hut aufgesetzt, während Kurt eine Mütze trug. Als wir so durch den Wald liefen, sagte Kurt zu mir: „Du hast doch den Hut auf.“ „Und Du eine Mütze,“ sagte ich, „und warum fällt Dir das auf?" „Weil mir da eine Geschichte einfällt, die sich früher einmal zugetragen hat," antwortete Kurt. „Da ging es auch um Mützen und Hüte." Und Kurt fing an zu erzählen.

Der Gesangverein hatte zum Vatertag einen Ausflug mit zwei Pferdewagen oder Kremser geplant. Der Lob wollte auch mitmachen. Zufällig kaufte er sich ein paar Tage vorher eine neue Mütze, weil er sich mit seinem „alten Deckel", wie seine Frau immer sagte, nicht mehr in der Öffentlichkeit sehen lassen konnte. Die er sich heute gekauft hatte, war so eine neumodische, eine schöne blaue, wo vorn ein Zeichen dran ist. Als er aus dem Laden heraustrat, stolz die neue Mütze auf dem Kopf, traf er zufällig den Max, der die Ausfahrt des Gesangvereines auch mitmachen wollte. Er bewunderte die neue Mütze. So kamen sie ins Gespräch. Da sollen übrigens die Männer den Frauen in nichts nachstehen. Der Lob, dem man eigentlich nicht glauben konnte, was er betet, viel weniger, was er erzählte, sagte zu Max: „Hör mal Max, daß zu unserem Ausflug alle die gleichen Mützen tragen sollen, ist in der letzten Sitzung beschlossen worden. Deswegen habe ich mir heute schon eine gekauft. Wir wollen doch geschlossen auftreten.." Max hatte natürlich davon keine Ahnung, und so bedankte er sich beim Lob und hatte nichts eiligeres im Sinn, als sich so eine neue Mütze zu kaufen, bevor sie womöglich alle wurden. Natürlich auch so eine schöne blaue, mit einem Zeichen vorn dran. Stolz führte er sie seiner Alma vor und dachte bei sich, nun kanns losgehen. Der Tag, an dem die Fuhre begann, war da und Max fand sich als erster am Stellplatz ein. Nur die Pferdewagen waren schon da. Als dann einer kam, stellte er voll Verwunderung fest, daß er einen Hut aufhatte. „Wo hast Du denn Deine Mütze? Es ist doch beschlossen worden, daß wir alle in Mütze fahren?" Aber der Franz wußte davon nichts. Max war froh, daß er es noch rechtzeitig vom Lob erfahren hatte. Als aber die anderen nach und nach eintrafen und alle mit Hut, da dämmerte es bei ihm langsam, daß irgend etwas nicht im Lot war. Zuletzt kam der Lob, und weißknäppchen natürlich mit Hut. Nun stand

der Max ganz allein mit seiner schönen blauen Mütze da und wußte gar nicht, was er denken sollte.
Aber die Fahrt ging los und keiner kümmerte sich darum, daß Max eine Mütze und keinen Hut aufhatte. Unterwegs machte bei den Sängern auf den beiden Wagen ab und zu ein kleines Pullchen seine Runde und trug wesentlich zu ausgelassener Stimmung bei. Auch Max hatte seine gute Laune wiedergefunden. In der „Hinteren Mühle“ angekommen, wurde der Sängerspruch geschmettert und ein Erzgebirgslied von Anton Günther gesungen, dann vertieften sich alle in ihr Bier. Der Lob gab ein wenig später die Geschichte mit der neuen Mütze zum besten. Aber der Max hatte sich längst mit der Sache abgefunden, weil er eben einen Spaß verstehen konnte. Außerdem war es kein nausgeschmissenes Geld, weil er sowieso eine neue Mütze brauchte.
Sie sind auch alle wieder gut nach Hause gekommen. Mit Hut oder Mütze war nicht mehr die entscheidende Frage, vielmehr die, wer auf den Pferdewagen hinaufgehoben werden mußte, weil er es selbst nicht mehr schaffte. Über die Fahrt wurde hinterher noch viel gesprochen und gelacht. Sowohl über die neue Mütze, als auch über den dicken Konrad, den sie in den Wagen legen mußten, weil er weder stehen noch sitzen konnte.
Wir waren inzwischen an der Waldschänke angelangt, als Kurt die Geschichte beendet hatte. So kurz war uns der Weg noch nie vorgekommen.

Der süße Kartoffelsalat

Eines Tages sagte Frieda, was dem Max seine Frau war, „Max, ich muß morgen früh mit der Klara zum Verleger Baldauf, die Ware abliefern. Wir kommen aber nicht vor Mittag zurück. Da mußt Du mal das Essen machen. Die Kinder wollen ja auch essen, wenn sie aus der Schule nach Hause kommen. Am besten Du machst Kartoffelsalat, der langt nicht so viel an. Das schaffst Du schon allein.“

Der werde ichs zeigen, daß ich den Kartoffelsalat wohl allein bringen werde, dachte Max.
Als die Zeit herangekommen ist, fängt er an, alles zusammen zu stellen, was er dazu braucht. Immer von dem Gefühl geleitet, daß er sich ja nicht vor Frau und Kindern blamieren wollte, gab er sich redliche Mühe. Die Kartoffeln hatte die Frau schon gekocht. Er brauchte sie nur zu schälen und einzuschneiden. Dann gab er alles hinein, was dazu gehörte: Salz, Kümmel, bißchen Gurke und damit es recht gut werden sollte, eine richtige Portion Tafelöl. Er rührte alles gut durcheinander und dachte für sich: das wird schmecken! Als er genug gerührt hatte, mußte er aber auch einmal kosten. So machte es Frieda auch. Kaum hatte er den ersten Bissen im Mund, dachte er: Donnerwetter, das Zeug schmeckt doch süß. Ich habe doch kein Fünkchen Zucker hineingetan. Aha, da muß sicher noch ein bißchen Essig ran. Er rührte wieder, kostet, doch der Zuckergeschmack war immer noch da. Jetzt kann nur noch Pfeffer helfen, denkt er. Eine ganze Wucht haut er rein, so daß der Kartoffelsalat sich braun färbte. Fazit: verdammt scharf, aber immer noch süß.
Zum Glück kam die Frieda eher nach Hause als die Kinder, sonst hätte er sich fürchterlich blamiert. Frieda freute sich, daß das Essen schon fertig war. „Nun will ich nur mal kosten, was Du so zusammengerührt hast“, sagte sie. Als sie den ersten Löffel im Mund hatte, sprudelte sie das Zeug wieder heraus und schimpfte: „Das schmeckt ja grauslig. Das kann doch kein Mensch essen. Du hast wohl bloß Zucker und Pfeffer reingetan? Kein Salz? Das schmeckt ja süß!“
Max stand daneben wie ein begossener Pudel und konnte die Welt nicht mehr verstehen. „Nee, nee“, versuchte er sich zu verteidigen, „überhaupt kein Zucker!“ Nun zählte er alles auf, was er reingetan habe. Sie meinte, daß ja eigentlich alles richtig wäre. Aber einen Haken habe das Ganze. Wo sollte denn zum Beispiel der süße Geschmack herkommen? Als der Max stolz von der Portion Tafelöl erzählte, wurde sie aufstützig. Schon sieht sie eine Flasche, die an der falschen Stelle steht, denn Ordnung hatte die Frieda in ihrem Laden. Sie fragte: „Hast du etwa das Öl aus dieser Flasche genom-

men?“ „Nu, freilich, das ist das Tafelöl.“ „Ach, du meine Güte!“ ruft sie aus und schlägt die Hände über dem Kopf zusammen. „Jetzt weiß ich, warum der Salat so süß schmeckt. Du altes Kamel, das ist doch Spitzwegerichsaft und kein Tafelöl. Den habe ich aufgesetzt, wenn die Kinder mal Husten haben, da hilft das alte Hausmittel immer. Und Du alter Esel nimmst es als Tafelöl. Bloß gut, daß die Kinder noch nicht zu Hause sind. Jetzt hilft nur eins, ich muß schnell eine Päckelsuppe kochen und wir essen eine Bemme (Schnitte) dazu.“ So wurde es gemacht. Die Kinder waren damals noch nicht so heikel mit dem Essen wie heute. Da mußte alles gegessen werden, was auf den Tisch kam. „Friß, Vogel oder stirb!“ war die Parole.

Die Frieda spricht heute noch manchmal mit ihrem Max darüber, wenn er wieder mal Essen kochen mußte. „Du kannst es ruhig essen, heute ist kein Spitzwegerichsaft dran,“ sagt er, wenn sie spitze Bemerkungen macht. Es ist auch nicht nach draußen gedrungen, denn sie wollten sich nicht blamieren.

Eine Lehre sollten alle Männer daraus ziehn, falls sie mal in die Verlegenheit kommen, Essen kochen zu müssen: Bitte keine Flaschen verwechseln - es muß ja nicht gerade Spitzwegerichsaft sein - sonst könnte es euch so ergehen, wie dem Max, vielleicht sogar noch schlimmer.

Jonathan, der Pascherkönig

Paschen oder Schmuggeln gehörte in unseren Erzgebirgsdörfern an der böhmischen Grenze schon immer zu den allgemeinen Gepflogenheiten, wie das Amen in der Kirche. Das war nicht nur Abenteuerlust oder Nervenkitzel. Nein, es war wirklich nur, um das arme und kärgliche tägliche Leben ein klein wenig angenehmer und lebenswerter zu gestalten.

Das trifft nicht mehr auf heute zu, denn da kann man ja Bier, Rum, Zigaretten und was die Leute von den Tschechenmärkten und bei den Vietnamesen sonst noch kaufen, im vollgetankten Auto über die Grenze mit nach Hause nehmen. So lange das in Maßen geschieht, wird auch kein Zöllner etwas dagegen haben. Gepascht wurden ja nur Waren, die auf der anderen Seite preiswerter zu erwerben waren.

Als Kind habe ich die Zeit der Inflation und der großen Arbeitslosigkeit in der Weimarer Republik, als es in Deutschland sieben Millionen Arbeitslose gab, selbst erlebt. „Wie heute", höre ich Sie sagen. Und heute wie damals traf es die Kammdörfer des Erzgebirges besonders hart, weil es so gut wie keine Industrie bei uns gab und gibt. Viele mußten „stempeln" gehen. Mein Vater war auch arbeitslos und bekam wöchentlich, wenn er seine „Stempelkarte" beim Arbeitsamt oder Gemeindeamt „stempeln" ließ, 18 Reichsmark „Stempelgeld" (Arbeitslosenunterstützung) für eine Familie mit zwei Kindern. Damit mußten wir leben und Miete, Strom und anderes bestreiten. Sparen war angesagt. Die Frauen schlossen sich zusammen und bestellten zum Beispiel einen Karton mit 20 Pfund "RAMA-Margarine" in 1-Pfund-Würfeln (500 g), das Pfund für 32 Pfennige. Nun konnten wir alle wieder eine „Margarine-Bemme" (Schnitte) essen.

Kann man diesen Menschen verdenken, daß sie auch mal eine Pfeife billigen und guten böhmischen Tabak oder eine „Vlasta"-Zigarette rauchen wollten? Einen Kuchen mit billigem und gutem böhmischen „Grießl-Mehl" backen oder billige und gute böhmische „Kaiser-Birnen" essen wollten? Nur stand dann die Frage: die Waren verzollen oder paschen? Natürlich das zweite. Sonst hätte es nichts gebracht. Mein Großvater ließ sich einiges einfallen, um Tabak zu paschen, wie die anderen auch. An einem Samstagnachmittag nahm er mich mit ins Böhmische. Es war sehr kribbelnd und aufregend, wußte ich doch, was auf mich zukam. Aus Erfahrungen hatte man bemerkt, daß die Zöllner Kinder nicht durchsuchten. Nachdem wir in eine Gaststätte eingekehrt, Bier und Limonade getrunken hatten, gingen wir in die „Trafik" zu Marie. So hießen der Tabakwarenladen und die Besitzerin. „Trafik" war noch ein Ausdruck, der aus der Zeit der österreich-ungarischen Monarchie stammte. Marie band mir 4 - 5 Rollen Tabak um den Bauch. Sie hatte ihre Erfahrungen darin. Mit einem Tuch und Sicherheitsnadeln wurde alles fest gemacht. Es durfte ja nicht ins Rutschen kommen. Natürlich ging das nur im Herbst oder Winter, weil das Ganze ein weiter Mantel verhüllen mußte. Dazu eine gestrickte Pudelmütze auf dem Kopf und dicke „Fauster" an den Händen und los gings. Großvater kaufte mir noch ein Zukkerstangel und als biedere und harmlose Bürger gingen wir durch die „Einnahme", so hieß bei uns das Zollamt, nach Hause. Die böhmischen Grenzer kümmerten sich nicht um uns und kamen meist gar nicht heraus. Auf der deutschen Seite stand der „Einnehmer" (Zollamtsleiter) schon unter dem Vorhäusel. An den Wochenenden gingen viele Leute aus Sachsen in die böhmischen Gaststätten und andere „Häuser", um Bier zu trinken und um zu essen, weil es eben billiger war. Junge Leute gingen zur „Molli". Großvater blieb stehen und fing mit dem „Einnehmer" ein harmloses Gespräch an. Ich tat so, als ob mich an den Füßen frierte und lief weiter. Der „Einnehmer" bemerkte es kaum. Ich war trotzdem froh, als wir zu Hause angekommen waren. Nun mußte ich aber gleich noch zu Großvaters Kunden, die schon auf ihren Tabak warteten, wie der „Kordel-Fritz" oder der „Augusten-Paul".

An einem anderen Tag gingen wir zum „Grenzbauer". Ein Bauernhof an der Grenze. Der „Manl-Emil", so hieß der „Grenzbauer" mit Spitznamen, hatte einen schwarzen Spitz. Das war eine giftige Kröte namens „Luxl". Aber, wenn er einen dann kannte, durfte man ihn sogar streicheln. Da ich sowieso vor Hunden Angst hatte, ließ ich es lieber sein. „Luxl" war ein ganz gescheites Hundl. Als es draußen duster wurde, bekam er von Emil ein Körbchen ins Maul. Emil sagte: „Luxl, gieh zer Marie, mei Hundl, na gieh!" Und „Luxl" stob zur Tür hinaus, sprang über den Grenzbach und den böhmischen Berg hoch. Eigentlich war es ja nur ein Bächlein. Ich fragte mich manchmal, wie so ein kleines Rinnsal zwei Staaten voneinander trennen konte. Es dauerte vielleicht eine halbe Stunde, da kam „Luxl" zurück und im Körbchen lagen drei Rollen Tabak. Marie schrieb das auf, wenn Emil am Wochenende zu Bier ging, bezahlte er es. Solche Geschäfte machten die beiden schon lange.

Ich bekam die Rollen wieder um den Leib gebunden und ab ging es an der Hand meines Großvaters durch die finstere Nacht nach Hause.

Doch auch der „Manl-Emil“ mußte erkennen, daß nichts ewig währt. Die Grenzer waren dahinter gekommen, daß beim „Grenzbauer“ etwas nicht stimmte. Als sie eines abends den Spitz fangen wollten, ließ er das Körbchen fallen und rannte schnell ins Haus. Was war in dem Körbchen? So leicht ließ sich Emil aber nicht einschüchtern. „Nu freilich is dos mei Hundl,“ sagte er zu den Grenzern, „obr dos Kärbl un dos, wos drinne wor, gehert mr net.“ Wie sollten sie ihm das beweisen?

Die deutschen Geschäftsleute und Gastwirte hatten sich beschwert, daß die Leute ins Böhmische gehen, und sie dadurch eine große Einbuße hätten. Damit wurden die Grenzer scharf gemacht und nahmen ihrerseits nun alles noch genauer. So hatten sie auch den „Grenzbauerhof“ bewacht und eine sichere Pascherstelle ausgeschaltet.

Aber einen gab es im Dorf, der sie immer wieder narrte und aufs Glatteis führte: der „Pascherkönig Jonathan“, von den Einheimischen „Schone“ (Jone) genannt. Mit Nachnamen hieß er Beck. Selbst die neuen Grenzer wurden auf „Schone“ angesetzt. Er wußte das und ließ sich absichtlich am Grenzweg blicken. Da traten plötzlich zwei Grenzer aus dem Gebüsch hervor und es ergab sich folgender Dialog: „Halt! Bleiben Sie stehen!“ riefen sie. „Wie heißen Sie?“ „ Iech heeß Schone“. „Wo wohnen Sie?“ „Nu, dohierde.“ „Haben Sie Papiere?“ „Nä, iech brauch kaane Papiere, iech nam immr Gros.“– Das Wochenende war wieder einmal gekommen, und die Männer gingen Bier trinken. Auch „Schone“ ließ sich sehen, als er durch die „Einnahme“ über die Grenze spazierte. Er trank einige „halbe Liter“, dann schlich er durch die Hintertür in die „Trafik“. Er ließ sich einige Rollen Tabak um den Leib binden und ging durch die Hintertür wieder hinaus schnurstracks in Richtung „Einnahme“. Als er in Sichtweite der deutschen Zöllner war, fing er an zu torkeln, als wäre er mächtig betrunken. Dem „Einnehmer“ war klar,

wenn Jone, natürlich Herr Beck, den legalen Weg über die Grenze nahm, war er „clean", wie man heute sagen würde. Als er noch fürchterlich falsch anfing zu singen, war alles klar. „Sie haben aber heute tüchtig geladen, Beck." „Un, hick, dos fei tichtsch, hick, Herr Einnahmer." Und dann torkelte er singend weiter. Er wußte, daß der „Einnehmer" ihm noch lange nachsah. Also mußte er noch eine ganze Weile den Betrunkenen spielen. Da man aber so etwas nur einmal machen kann, erzählte „Schone" die Geschichte am Stammtisch in der Schänke, wo sie prompt kurze Zeit später auch der „Einnehmer" erfuhr. Der schwur „Schone" bittere Rache dafür, daß er ihn zum Gespött gemacht hatte. „Einmal erwische ich Sie bestimmt, Beck. Dann lache ich."
Es war Winter geworden im Erzgebirge. Wälder und Felder des Erzgebirgskammes waren tief verschneit, Bäche und Teiche waren zugefroren und der Schnee knirschte unter den Füßen. Die Dächer schauten neugierig aus dem Schnee hervor und unter den kleinen Häuschen mit den noch kleineren Fensterchen, die an der Giebelseite wie die Schwalbennester hingen, hatten sich braune „Eismänner" mit langen Zapfen gebildet. Darunter war der Misthaufen. Wissen Sie, welche kleinen Häuschen ich meine?
Die Grenzer, die schon halb durchfroren ihren Dienst versahen, wollten ihren Augen nicht trauen. Da kam doch einer im Mondschein durch den Schnee gewaten. Mit einem großen Schritt war er über den Grenzbach. Er schleppte einen schweren Sack auf dem Rücken. Nein, der Weihnachtsmann war das bestimmt nicht. Sie versteckten sich hinter der Scheune, um dann plötzlich hervorzutreten. „Halt, stehenbleiben! Na, wen haben wir denn da? Der Herr Beck. Sind Sie uns endlich in die Hände geraten. Da wird sich aber der Herr Inspektor freuen! Was tragen wir denn so schweres? Na los, sagen Sie schon, was haben Sie in dem Sack?" „Ach su, nu, do is bluß ä wing Drack drinne, Herr Zellner." „Sie wollen uns wohl verkohlen? Los, ab ins Zollamt!"
„Schone" mußte mit seinem schweren Sack vor den Grenzern herlaufen bis zur „Einnahme". Der „Einnehmer" wurde aus dem Bett

geholt. Trotzdem kam er freudestrahlend an, als er sah, wen die Grenzer angeschleppt hatten.
„Schone“ hatte seinen Sack in der Nähe des Ofens abgestellt. „Gute Arbeit,“ lobte er die beiden Grenzer. „Na, Beck, habe ich es Ihnen nicht prophezeit, daß wir Sie eines Tages erwischen? Was riecht denn hier so pänetrant? Also, Beck, wollen Sie uns nicht endlich verraten, was sie Schönes in Ihrem Sack schmuggeln wollten?“
„Herr Einnahmer, iech hobs doch dann Herrn schu gesogt, bluß ä wing Drack hob iech in dan Sock.“
„Da ist ja eine braune Pfütze und es stinkt fürchterlich!
Pfui Teufel, das ist ja...!“ „Bluß ä wing Drack, Herr Einnahmer.“

Episoden aus meiner Kindheit

Wir hatten zu Hause einen reichen Kindersegen. Meist alle zwei bis drei Jahre schenkte mir der liebe Gott ein kleines Schwesterlein. Für mich war das nicht gerade ein Ereignis, das mich hätte in freudige Entzückung bringen können, denn ich war der Große.
Kein Wunder, daß ich sofort einverstanden war, als mein Großvater zu meiner Mutter sagte, daß er mich brauchen könnte und bei sich aufnehmen wollte. Mein Großvater war beruflich als Schulhausmann, Kirchner und Totenbettmeister tätig. Für mich war es sehr gut, denn den Schulweg gab es fortan für mich nicht mehr, da der Großvater in der Schule wohnte. Ich konnte im Winter in Filzschuhen aus der Wohnung hinunter ins Klassenzimmer gehen. Natürlich gab es für mich auch Pflichten. Täglich mußte ich nach dem Unterricht in den Klassenzimmern Papier auflesen. Auch Frühstücksbrote oder Reste und angebissene Äpfel las ich auf. Diese mußte ich in einen gesonderten Eimer tun. Das Papier brauchte Großvater zum Feuermachen.
Wir hatten vier Klassenzimmer. Als der Oberlehrer dann aus der Schule auszog, weil er pensioniert wurde, konnten zwei weitere Klassenzimmer ausgebaut werden. In jedem Klassenzimmer stand

ein eiserner Ofen, den Großvater im Winterhalbjahr, also bei uns von Oktober bis April, täglich heizen mußte. Jeden Abend mußte er die Asche aus den Öfen wegbringen. Das waren etliche Eimer. Während ich mit einem Messer aus „gutem Holz“ sogenannte „Schleißer“ zum Anheizen schnitzte, schleppte er eimerweise die Kohlen aus dem Keller, für jedes Klassenzimmer und für das Lehrerzimmer zwei Eimer. Dann wurden die Öfen zurecht gemacht, Papier, Schleißer und ein paar Holzscheite aufgeschichtet, damit er am nächsten Morgen nur noch das Streichholz anzünden mußte, nachdem er in der Kirche um 6 Uhr morgens die Glocke geläutet hatte.
Mittwochs und samstags mußte ich mit meiner Großmutter die Klassenzimmer kehren. Die Fußböden aus Dielenbrettern mußten in den Ferien geölt werden, damit der Staub gebunden wurde. Wir mußten die Bänke wegrücken. Es gab zwei-, vier- und sogar sechssitzige Bänke, die massiv gebaut und dementsprechend schwer waren. Sie hatten eingebaute Tintenfäßchen, denn wir schrieben noch mit Tinte und Feder. Oft stopften böse Schüler Löschpapier oder andere Dinge in die Tintenfäßchen, die ich dann wieder saubermachen mußte. Das war eine Schmutzarbeit. Meine Finger waren voll Tinte und ließen sich ganz schwer säubern. Meine Großmutter kochte für einige Lehrer, die ledig waren und in der Schule oder im Dorf ein Zimmer hatten, Mittagessen. Natürlich ärgerte ich mich, wenn ich mich mit den Lehrern gemeinsam an einen Tisch setzen mußte. Ich fühlte alle Blicke auf mich gerichtet. Würde ich richtig mit Messer und Gabel umgehen können? Benutzte ich die Serviette und schlurfte ich auch nicht die Suppe? Meistens mußte ich auch noch das Tischgebet sprechen: „Komm Herr Jesus, sei unser Gast und segne, was Du uns bescheret hast.“
Mein Großvater hatte mir schon sehr zeitig das Kartenspielen beigebracht, Doppel- und Schafskopf und natürlich Skat. Damals hieß es noch: Wovon willst du dich einmal ernähren, wenn du nicht Skatspielen kannst. Zweimal in der Woche spielten die Lehrer mit dem Großvater Skat. Wenn mal einer ausfiel, mußte ich als vierter Mann

einspringen. Mitunter ging es schon bis abends 10 Uhr. Dann schärften sie mir ein, ja nichts davon in der Schule zu erzählen. Die größte Freude für mich war, wenn ich den Lehrern ein „Kontra" verpassen konnte und sie das Spiel verloren.

Mein Großvater war auch noch Kirchner. Was hat denn eigentlich ein Kirchner zu tun? Wochentags täglich dreimal die Glocke läuten und zwar: morgens 6 Uhr, mittags zwölf Uhr und abends wieder 6 Uhr. Sonntags den Gottesdienst vorbereiten. Im Winter den Ofen in der Kirche und in der Sakristei, wo sich der Pfarrer aufhält, heizen. Dem Pfarrer beim Ankleiden helfen, die Opferstöcke für die Kollekte aufstellen und mit dem Klingelbeutel gehen. Taufen, Hochzeiten und Beerdigungen vorbereiten. Zum Beispiel Wasser für das Taufbecken anwärmen, damit der Täufling nicht erschrickt. Den Sarg bis zum Grab begleiten, Blumenkörbchen und Sand zurechtstellen. Die umfassendste Arbeit aber war das Großreinemachen in der Kirche. Das geschah vor Ostern, Pfingsten, Kirmes und Weihnachten, wobei auch die Kanzel- und Altardecken gewechselt wurden. Normalerweise lag rot auf. Ostern und Pfingsten wurde grün, zur Kirmes violett, zum Totensonntag schwarz und zu Weihnachten weiß mit gold aufgelegt.
Ich war in der Kirche fast zu Hause. Erstens, weil ich bei den Singjungen (Kurrende) war und somit an jedem Sonn- und Feiertag in der Kirche sang. Außerdem zu Taufen, Hochzeiten und Beerdigungen. Zweitens, weil ich beim Großreinemachen mithelfen mußte. Manchmal stieg ich in die Kanzel und predigte. Mitunter hörten sie sogar zu: die Großeltern, Mutter und Vater, die auch mithelfen mußten und die Tante. Sie konnte ich eigentlich gar nicht leiden. Daß sie aber auch zuhörte, konnte ich nicht vermeiden. Was der Pfarrer jeden Sonntag predigte, kannte ich mittlerweile auswendig. So stand fest, daß ich Pfarrer werden sollte. Drittens, weil ich fast täglich läuten mußte.
Ich habe vorher mal gesagt, daß ich die Reste von den Frühstücksbroten in einen gesonderten Eimer tun mußte. Das hatte eine be-

sondere Bewandtnis. Am späten Nachmittag nahm Großvater den Eimer und verdünnisierte sich. Im Dorf gab es einen Bierhandel. Max, so hieß der Besitzer, hatte auch noch Feld, ein Pferd, „Fritzel", wie es liebevoll genannt wurde, und auch noch zwei Schweine. Schweine fressen viel. Großvater wußte das und brachte deshalb jeden Tag einen Eimer Futter. Dafür durfte er eine oder zwei Flaschen Bier kostenlos trinken. Außerdem half er Max beim Gras- und Hafermähen und beim Einfahren. Wenn er dann mit dem Eimer verschwand, drückte er mir den Kirchenschlüssel in die Hand. Ich wußte schon, was es bedeutete. Nämlich: 6 Uhr abends die Glocke läuten. Das war kein Problem, solange es noch hell war. Als im Herbst die Tage kürzer wurden und es damit abends schneller dunkelte, wurde es schon krimineller. Auf dem „Lautboden" gab es nur eine Lampe, die äußerst spärliches Licht verbreitete. Wenn dann noch die alten Dachbalken und die Dielen sich regten und knisterten, sah ich in jeder Ecke Gespenster. So versuchte ich immer schon rechtzeitig einen Freund zu finden, dem ich versprach, daß ich ihn läuten lasse. Manchmal klappte es, aber nicht immer.

Wenn ich es dann so oder so hinter mich gebracht hatte, durfte ich zum Großvater, wo ich zur Belohnung mal einen Schluck aus der Bierflasche machen durfte. Auch zwei oder drei. Man gönnt sich ja sonst nichts.

Wehe dem, der, wie es bei uns eigentlich üblich war, zu meinem Großvater „Totengräber" sagte. Den belehrte er erst einmal, daß er „Totenbettmeister" sei, denn sonst könne er auch sehr böse werden. Seine Hauptaufgabe war es, ein Grab zu schaufeln, wenn jemand gestorben war. Das war immer eine termingebundene Arbeit, weil die Leichen nur drei Nächte liegen durften. Es war aber auch eine schwere Arbeit. Oft half ihm sein Bruder Robert dabei mit. Aber auch ich hatte meine Funktion und mußte immer mit von der Partie sein.

Neben dem Friedhof war ein Geschäft, ein Laden. Der Inhaber war Kirchenkassierer und somit auch für den Lohn meines Großvaters verantwortlich. Was mußte ich dabei tun? In dem Laden gab es

Wermutwein vom Faß. Ein Liter kostete 80 Pfennige. Ich nahm eine leere Literflasche, ging zum Kehrer, so hieß der Besitzer, und ließ die Flasche füllen. Es wurde angeschrieben, denn ich mußte sicher noch ein paarmal gehen. Dafür ging die Arbeit der beiden viel besser voran, wie das heute beim Doping ist.

Einmal sagte mein Freund zu mir, ob ich schon mal Wermutwein getrunken hätte. Ich verneinte. „Weißt Du was, wir holen uns eine leere Literflasche und lassen sie uns mit Wermutwein füllen." Gesagt, getan. Großvater würde am Ende sicher nicht mehr wissen, wieviel Flaschen es heute waren. Wir verkrochen uns in eine Ecke und versuchten einen Schluck. Pfui Teufel, das Zeug schmeckt bitter! Der zweite Schluck schmeckte schon wesentlich besser. Und haste nicht gesehen und nicht gehört, war die Flasche leer. Uns wurde so leicht zumute, nur mit dem Gleichgewicht wollte es nicht mehr so funktionieren und mit dem Reden hatten wir auch Schwierigkeiten.

Ich habe mich anschließend gleich nach Hause verkrümelt. Zur Großmutter sagte ich, mir wäre schlecht und ich müßte mich gleich hinlegen. Ich schwor mir, niemals wieder Wermutwein zu trinken. Lieb wie sie war, brachte sie mir noch einen Topf Pfefferminztee ans Bett.

Großvater hatte zum Glück nicht bemerkt, daß er eine Flasche Wermutwein mehr bezahlen mußte. Und beim nächsten Grab schaufeln war ich wieder unentbehrlich.

ANHANG

Was bedeutet was?

„eppr“	vielleicht, etwa	Seite 3
„olbertsch“	eingebildet, hochnäsig	3
„gehling“	plötzlich, schnell, abrupt	3
„gakeln“	Kerzen anzünden, damit spielen	3
„ä Tippl“	ein Kaffeetopf (Tasse)	3
„ä Sächer“	eine Wanduhr	3
„äne Hitsch“	eine Fußbank	3
„äne Heetsch“	eine Kröte (Frosch)	3
„stoppeln“	Kartoffeln nachroden, wo der Acker bereits abgeerntet war	4
„Dreie“	drei, ein Forstrevier	5
„Kanzel“	Plattform auf dem Hochstand	6
„Schweiß“	Blut vom Wild	6
„Kanapee“	Sofa	14
„neuwaschene Stube“	sauber, frisch gewaschen	14
„Kirmes“	Kirchweihfest	16
„Reitschule“	Karussell	16
„Gendarm“	Landpolizist	16
„Posthalter“	Postvorsteher, Leiter	18
„Spritzenhaus“	Feuerwehrdepot, früher gleichzeitig Dorfgefängnis	19
„Leichensteinsetzen“	auf den Verstorbenen trinken, ihn ehren	20
„52er“	Regimentsmarsch	23
„Stamperl“	geeichtes Schnapsglas	26
„Foh oder Fohn“	Fahne	27
„104er“	in Chemnitz stationiertes Reg.	27

„Kreuz ausläuten“	Glockengeläut zu Ehren der verstorbenen Person	29
„drei Puls“	drei Abschnitte beim Läuten mit kurzen Abständen	29
„Lautgunge“	Jungen, die läuteten	30
„Fuffziger“	Fünfzig-Pfennig-Münze	31
„Spitzwegerichsaft“	Heilpflanze, mit Kandiszucker angesetzt, Hausmittel gegen Husten	35
„Inflation“	Zeit der Geldentwertung 1922 - 1925	36
„stempeln“	Arbeitslosenkarte abstempeln lassen, um Arbeitslosenunterstützung zu erhalten	36
„Trafik“	Tabakwarenladen	36
„Einnahme“	Zollamt, (Zoll einnehmen)	37
„Einnehmer“	Leiter des Zollamtes	37
„Kärbel oder Kärbl“	Körbchen	37
„Gros“	Gras	38
„braune Eismänner“	gefrorene Jauche	39
„bluß ä bissl Drack“	bloß ein bißchen Dreck	39
„Schleißer“	Holzspäne	42
„Lautboden“	der Boden in der Kirche, von dem aus die Glocken mit Seilen geläutet wurden	44

Bereits erschienene Bücher

1993	Wald und Wild im Erzgebirge (vergriffen)
1994	Ein Streifzug durch das Erzgebirge
1995	Begegnungen im Erzgebirge Bilder einer Landschaft